Grübeln stoppen

Wie Sie mit diesen Ratschlägen Ihre lästige Vergangenheit loslassen, negativen Gedanken loswerden und endlich Ihre innere Ruhe finden

Marc André Rummel

1. Auflage

2020

Inhaltsverzeichnis

Inhaltsverzeichnis 2

Wer einmal zu grübeln beginnt... 4

Wo die wilden Gedanken wohnen 13

DEN PYGMALION-EFFEKT NUTZEN 22

Der Ursprung allen Grübelns 29

KONZENTRATION AUF DAS POSITIVE 39

Grübeln über die Vergangenheit 44

WEGE ZUM POSITIVEN UMGANG MIT DER VERGANGENHEIT52

Grübeln über die Zukunft 59

JOURNALING 80

Weitere Methoden, das Grübeln zu beenden................86

...der hört nicht damit auf? 95

Checkliste für die Maßnahmen, das Grübeln zu stoppen 99

Haftungsausschluss 109

Urheberrecht 110

Impressum 111

„Genau genommen leben sehr wenige Menschen in der Gegenwart. Die meisten bereiten sich vor, demnächst zu leben. „

Jonathan Swift

Wer einmal zu grübeln beginnt...

Im Grunde ist das Grübeln der Beginn der Weisheit. Aus dem Grübeln ergaben sich seit Anbeginn der Zeit, seit Menschen nachdenken über sich selbst, ihre Umwelt und das Universum, unzählbare wertvolle Erkenntnisse, von denen wir alle noch heute zehren. Und doch haben das Grübeln und vor allem sein weniger gut gelungener Stiefbruder, die Grübelei, einen schlechten Leumund. Aus dem Grübeln entsteht gemeinhin kein Unrecht, es werden wenige Kriege begonnen, weil jemand zu lange gegrübelt hätte, und es werden wenige andere Verbrechen begangen, die ihren Urgrund im zu langen Grübeln darüber hatten. Trotzdem vermag das Grübeln uns anderweitig zu schaden, zumindest aber in unserem alltäglichen Leben zu hindern. Wer einmal zu grübeln beginnt, der hört damit nicht wieder auf. Ist das per se schlecht? Die pauschale Antwort darauf lautet: Nein, keinesfalls. Es ist das Normalste auf der Welt, zu grübeln, sich Gedanken zu machen, bestimmte Sachverhalte zu durchdenken und dabei womöglich dreimal zu häufig hin- und her zu wenden. Dass man nicht selten das Gefühl bekommt, das Grübeln halte einen ab, ja, störe bisweilen gar beim Leben, das steht auf einem anderen Blatt und ist ebenfalls seit Anbeginn des Nachdenkens Grund für die Suche nach Gegenmitteln. Darum soll es also in diesem Text gehen, nicht gleich um ein Gegenmittel gegen (teils) notwendiges Grübeln, sondern um Hinweise darauf, wie man am besten Behinderungen durch übermäßiges Grübeln in den Griff bekommt. Dass derjenige, der einmal anfängt, zu grübeln, damit schwerlich aufhören kann, davon zeugt die Geschichte eines Wunderkindes aus dem 18.

Jahrhundert, nämlich die des jungen Christian Heinrich Heineken.

Christian Heinrich Heineken, geboren 1721, war der Spross einer Lübecker Familie, die wir heute als Mittelstand bezeichneten: Der Vater, ein leidlich erfolgreicher Maler, die Mutter, eine Künstlerin und Alchemistin, die wir heute vermutlich als Apothekenangestellte bezeichnen würden. Zunächst ließ nach der Geburt des kleinen Christian Heinrich nichts daran denken, dass man es mit einem sogenannten Wunderkind zu tun habe. Wie jedes Kleinkind brabbelte auch Christian Heinrich Unverständliches, schrie laut, sobald er Hunger hatte oder die Milchzähne ihm kamen und machte seine Hosen voll – kurzum: Ein ganz normaler kleiner Junge. Dieses ganz normale Verhalten wich aber bald zur Überraschung der Eltern den ersten Anzeichen einer herausragenden Begabung in beinahe allen Belangen.

In den Worten des Universalhistorikers August Ludwig von Schlözer: „Der kleine Heineken war ein schönes niedliches Kind. Und daß in diesem kleinen schönen Körperchen ein noch schönerer geist wohnte; entdeckte man schon, ehe es noch 10 Monate alt wurde“. Der kleine Heineken wurde beobachtet, wie er mit den Fingern über die mit goldenen Figuren verzierte Tapete strich, ebenso wie er es mit dem weißen Ofen machte, auf dem weitere dieser Figuren zu erkennen waren. Im Alter von 10 Monaten wusste er plötzlich die Figuren zu benennen: „Hase“, „Turm“, „Schäfchen“, „Berg“. Er konnte auf Nachfrage, wo denn die Katze abgebildet sei, ohne Zögern auf die entsprechende Figur zeigen, e voilà, immer lag er richtig. Die Eltern erkannten sein hervorragendes Geschick in allem, was Gedächtnisleistungen betraf, und stellten ihm einen Hauslehrer an die Seite, der ihn ausbilden sollte. Binnen kürzester Zeit lernte das kleine Kind ganze Auszüge der Heiligen Schrift auswendig, eignete sich ein enormes Wissen in Geographie, Universalgeschichte und Mathematik an. Um Lateinisch und Französisch zu lernen, benötigte er gerade einmal zwei Lebensjahre und mit dreien verfasste er eine Geschichte des Landes Dänemark. Doch wurde Christian Heinrich Heineken kaum vier Jahre alt; seine Eltern vermochten seinen weit über die Grenzen der Hansestadt hinausreichenden Ruhm auszuschlachten, gingen mit ihm auf Reisen und führten sein Genie vor. Der kleine Heineken starb schließlich vermutlich an einer Lebensmittelunverträglichkeit in jungen Jahren. Die Zeitgenossen – und bis in das 20. Jahrhundert hielt sich dieser Gedanke – stellten aber fest, er habe unmöglich an etwas so Läppischem wie einer Weizenallergie zugrunde gehen können, ja es bestünde dahingehend kein Zweifel, dass das vierjährige Wunderkind Christian Heinrich Heineken zu viel gegrübelt und gedacht habe, dass ihm sämtliche Lebensenergie entwichen sein musste.

Nun ist die Wahrscheinlichkeit gering, dass man aus dem Grübeln nicht mehr herausfindet, weil man ein derartig vielseitig interessierter Mensch ist, dass einem für nichts anderes mehr die Zeit bleibt. Diese Geschichte soll aber illustrieren, dass nicht erst in unseren heutigen Zeiten das Grübeln, quasi abzüglich dreier Buchstaben, als Übel empfunden wird. Mehr noch, wer heute als Grübler gilt, als jemand, der etwas zerdenkt und doch nicht zu einem Ende kommt damit, der gilt erst gar nicht als origineller Mensch oder kluger Kopf, sondern als lebensuntüchtig. Und in gewisser Weise ist diese Diagnose recht zutreffend, bedenkt man, wie einen selbst das Gedankenkarussell, das die eigenen Synapsen mit ihrem

Dauerfeuer am Laufen halten, martern kann, zumal nachts und zumal in solchen Situationen, in denen wir es nun wirklich nicht gebrauchen können, sondern unsere Entschlusskraft gefragt ist. Deswegen also dieses Büchlein. Wir wollen gemeinsam einen Blick werfen auf das Grübeln, wie es entsteht und was es mit uns macht, welche Seiten sich zu seinen positiven und welche zu seinen negativen zählen lassen, um dann, ausgehend von den negativen Seiten, versteht sich, zu Strategien und Hinweisen zu kommen, wie das übermäßige Grübeln sich abstellen oder zumindest verringern lässt, um so in letzter Konsequenz zu einem – ein großes Wort – erfüllteren Leben zu gelangen, das kein lärmendes Gedankenkarussell ununterbrochen zu stören vermag.

Und so soll auf den folgenden Seiten systematisch der Versuch unternommen werden, von einem genauen Verständnis des Grübelns, seiner Funktion und seines Einflusses, ausgehend, Hinweise auf einen achtsamen Umgang mit seinen Gedanken zu erlernen. Dafür stehen am Ende jeder „Lektion“, wenn wir diese Kapitel so nennen möchten, ganz praktische Anregungen sozusagen für den sofort anwendbaren Hausgebrauch bereit. Es empfiehlt sich, sofern Sie diesen Text in einer Mußestunde lesen, die Übungen stante pede auszuprobieren und ihre Wirksamkeit zu testen. Denn der Weisheit oder besser noch des Grübelns letzter Schluss sind diese Ausführungen selbstverständlich nicht; nur Sie selbst können ausprobieren und entscheiden, welche Übung in welcher Form wann und wie für Sie zu den besten Resultaten führt. Versprochen sei Ihnen an dieser Stelle aber eines: Sie werden die Beschäftigung mit dem Grübeln nicht bereuen und daraus einen Nutzen für sich selbst und Ihre Lebensqualität gewinnen können, zu einer verloren geglaubten inneren Ruhe finden und selbstauferlegten Stress vergessen!

„Es ist ein merkwürdiges Schauspiel, ansehen zu müssen, wie die Menschen im geheimen nachgrübeln, auf welche Weise sie sich gegenseitig schaden können und sich doch gegen alle Neigung und Absicht einander helfen müssen.“

Wo die wilden Gedanken wohnen

Grübelei entsteht fast ausschließlich aus negativen Gedanken. Zumindest fällt es schwer, an einen positiven Gedanken zu denken, der einen ins Grübeln verfallen lässt, sofern sich an ihn nicht wie Kletten andere negative Gedanken, die die eigentlich ja positive Zukunft betreffen und schmälern, anhaften. Von negativen und positiven Gedanken reden wir tagein tagaus, ohne diese zu Worthülsen verkommenen Begriffe genauer zu hinterfragen. Es ist also zunächst vonnöten, sie mit Inhalt zu füllen, mit einer Bestimmung, die sie greifbar werden lässt, sowohl für die später beschriebenen Übungen wie auch zum grundsätzlichen Verständnis ihrer Funktionsweise. Was also ist ein negativer Gedanke, gesetzt, er ist es, der uns grübeln lässt? Die Antwort darauf mag im ersten Moment ernüchternd wirken, erscheint sie auf den ersten Blick doch genauso nebulös wie der Begriff selbst: Unsere Wahrnehmung ist schuld. Man könnte auch sagen, die Gedanken, die wir uns über unsere Gedanken machen, sorgen für Ihre Einschätzung. Ein Gedanke entsteht nie unabhängig von seiner Beurteilung durch denjenigen, der ihn denkt. Das betrifft die banalsten wie die folgenreichsten Gedanken, obschon die Gedanken, welche Lebensmittel wir denn auf unsere Einkaufsliste setzen weniger Gefahr laufen, eine andauernde Grübelei auszulösen, als diejenigen, die unsere Zukunft in Sachen Partnerschaft oder Beruf betreffen. Dennoch kommt man nicht um die Feststellung herum: Unsere Wahrnehmung ist letztlich der maßgebliche Prozess, der die negativen Gedanken von den positiven scheidet und damit die Grübelei von der Entschlussfähigkeit. Denn Grübeln meint letztlich nichts anderes als das

„Graben“ (so etymologisch dem Wortsinne nach) nach Lösungen, wo man keine zu finden glaubt; dieser Kreislauf der Nichtfeststellung eines Ausgangs aus einem Gedanken oder einer Situation ist ein sich selbst erhaltender, weil er befeuert wird von dem jeweils vorangegangenen negativen oder pessimistischen Gedanken. Das heißt, die Grübelei ist im Grunde ein kreisförmiges Gerüst, gebaut auf dem Fundament aufeinanderfolgender negativer Gedanken; und unsere Gedanken und Wahrnehmungen, mit denen wir den Kreislauf befeuern und also am Laufen halten, sind die Fahrzeuge auf dieser kreisrunden Bahn, die nicht rechtzeitig die Ausfahrt zu nehmen wissen, die Richtung „Lösung“ verpassen und munter weiterfahren. Es ist augenscheinlich, woher der Begriff des Gedankenkarussells rührt.

Das Problem bei diesem Prozess ist, dass nur ein Bruchteil der

Informationen, die unser Gehirn erreichen und verarbeitet werden, bewusst wahrgenommen wird. Wie man der Psychoanalyse entgegenhielt, sie erkläre dem Menschen, er sei nicht der Herr im eigenen Haus, also seinen Gedanken, so war dies kein völlig unberechtigter Vorwurf. Hierin liegt übrigens auch die Erklärung begründet, warum der Vorwurf, jemand, der großen Reichtum angehäuft hat, könne ja nicht unglücklich sein, ein nicht ganz fairer ist; der Verstand gewöhnt sich nur allzu schnell an materielle Befriedigung, an die Erfüllung jedes Wunsches und übervolle Schränke, Garagen und Teller. Das, was wir landläufig als Glück bezeichnen, hängt an diesen Dingen nicht, und so kreisen die Gedanken bei Arm und Reich ähnlich, wenngleich einschränkend gesagt werden muss, dass die Akzentuierungen andere sein werden und im Falle des Armen eine existentiellere Dimension enthalten als bei einem aller äußeren Sorgen baren Menschen. Um es mit den Worten Angelus Silesius' zu sagen: „Mensch, alles außer dir, das gibt dir keinen Wert. Das Kleid macht keinen Mann, der Sattel macht kein Pferd.“

Das heißt aber mitnichten, dass es etwas wie einen metaphysischen Solipsismus gäbe, also die Vorstellung der Realität entspräche, dass alles außerhalb unseres Geistes nur Projektion desselben ist und der Einzelne gewissermaßen das einzige Reale in der Welt. Nur nehmen wir vermittels unserer Gedanken die Wirklichkeit wahr und erschaffen sie zu einem Gutteil selbst. Die Welt, zweifellos, die gibt es, wie wir sie wahrnehmen, und wir werden uns an einer zu heißen Kartoffel zuverlässig den Mund verbrennen, unabhängig davon, ob wir glauben, dass diese Kartoffel nur Projektion unseres Geistes ist oder nicht. Mit den Gedanken verhält es sich aber anders, denn sie sind das Einzige, dass wirklich nur uns allein vollends gehört. Die heiße Kartoffel können wir abkühlen lassen, aber wir können nicht kraft unserer Gedanken binnen Sekunden dafür sorgen, dass sie abkühlt und uns nicht den Mund verbrennt. Mit den Gedanken, die wir uns über unsere Gedanken machen, funktioniert das hingegen schon.

Unser Bewusstsein, das unter Einfluss von Werten und Erfahrungen eine innere Stimme die Wertung des Wahrgenommenen vornehmen lässt, führt zu unseren Gedanken und sogar Gefühlen, weswegen man häufig annimmt, schon nach kurzer Zeit einen Melancholiker von einem Optimisten nur anhand eines Gesprächs unterscheiden zu können. Diese Gedanken und Gefühle wiederum sorgen für unser Verhalten, das wiederum auf die Außenwelt einwirkt und Reize derselben aufnimmt – und der Kreislauf ist vollständig. Es wird übrigens in der Psychologie angenommen, dass die bewusste Wahrnehmung der Außenwelt sich auf 0,0012% beläuft, also wirklich einen mickrigen Bruchteil. An diesem Punkt sollten wir einmal einhaken. Arbeiten wir mit einem Beispiel, um verständlicher zu machen, wie dieser Kreislauf funktioniert: Die Situation ist eine wohl den meisten Menschen bekannte; man brütet über einer Matheaufgabe und partout will sich kein Zugriff darauf einstellen. Man kann die Zahlen nicht greifen, weiß nicht augenblicklich um den richtigen Lösungsweg, vom richtigen Ergebnis ganz zu schweigen. An dieser Stelle nun resignierten die meisten Menschen – „Was soll's?“, wird man sich denken, „Ich habe halt kein Talent für die Mathematik, kein Wunder, dass ich diese Aufgabe nicht lösen kann.“ Das ist Variante A (und das A steht hier für Aufgeben); es gibt aber genauso die Variante Z (und das Z steht hier für Zuversicht). Denn statt sich (bewusst!) zu sagen, „Ich schaffe diese Aufgabe niemals, denn mir fehlt das Talent dazu“, ließe sich genauso die Herausforderung schätzen: „Meine Güte, da hat uns die Lehrerin aber eine verflixt vertrackte Aufgabe gestellt – das ist ja eine richtige Herausforderung, die will ich knacken!“ Der Unterschied ist offensichtlich. Durch bewusste Veränderung der Einstellung/Haltung, also des Einflusses auf unsere bewertende innere Stimme, ändert sich die Ausgangslage für die Lösung der Aufgabe frappierend. Und psychologisch gesehen wird derjenige, der die zweite Annahme, also Variante Z, bewusst adaptiert, erfolgreicher beim Lösen der Aufgabe sein als derjenige, der die Aufgabe A adaptiert. Diese positivere, weil erfolgversprechendere und zukunftsgerichtete Sicht der Dinge, können wir ganz bewusst trainieren, und zwar, indem wir uns den psychologischen, sogenannten Pygmalion-Effekt zunutze machen, dem nun hier der erste Hinweis zu Strategien zur Vermeidung des Grübelns gewidmet ist.

„Grüble nicht, was möglich ist und was nicht. Tu, was Du mit Deinen Kräften zustande bringst

– darauf kommt alles an."

Leo N. Tolstoi

DEN PYGMALION-EFFEKT NUTZEN

Der Pygmalion-Effekt geht auf den deutsch-US-amerikanischen Psychologen und Forscher Robert Rosenthal zurück, der ihn in den 1960er Jahren nach Forschungen an einer Grundschule in den USA entdeckte. Rosenthal wählte in mehreren Klassen per Losverfahren einige sogenannte „Bloomers“ aus, also solche Schüler, die von ihm zufällig als besonders erfolgreich oder „aufblühend“ attribuiert wurden. Rosenthal informierte die Lehrer und Lehrerinnen über seine Pseudo-Befunde und verbat den Lehrkräften, über diese geheime Information zu sprechen. Ein halbes Jahr später, warf Rosenthal einen Blick auf die Leistungen der Schüler und siehe da: die von ihm aus Zufall als „Bloomers“ anerkannten Schüler und Schülerinnen legten die besten Leistungen vor. Der Effekt ergab sich vorrangig aus der Erwartungshaltung der Lehrkräfte, die den Schülern und Schülerinnen schlicht bessere Leistungen zutrauten, sie daher zu guten Leistungen ermunterten und sie dementsprechend gut bewerteten – zugleich hatten die „Bloomers“ aber tatsächlich im Vergleich zum vorherigen Test ganze 20 bis 30 Punkte auf der IQ-Skala zugelegt. Eine enorme Steigerung also. Noch wichtiger: Das Selbstkonzept der Schüler und Schülerinnen hatte erheblich an Kraft gewonnen, ihr Selbstvertrauen war merklich gestiegen. Und so war auch der Name des Effekts geboren, der auf einen mythischen kyprischen König Pygmalion zurückgeht, der sich in eine von ihm geschaffene Elfenbeinstatue einer Frau derart verliebte, dass die Götter sie zum Leben erweckten. In gewisser Weise haben im Beispiel also auch die Lehrer und Lehrinnen und ihre Schüler und Schülerinnen deren Leistungen geschaffen.

Wie lässt sich dieser Effekt nun nutzbar machen für uns? Diese positiven Erwartungen anderen gegenüber, wie im Experiment, lassen sich leicht umkehren und auf sich selbst anwenden. Wenn Sie also davon ausgehen, dass Sie etwas Bestimmtes schaffen können, wenn Sie sich selbst und Ihre Fähigkeiten besonders gut (nicht zwangsläufig Ihre Kräfte übersteigend!) einschätzen, dann werden Sie mehr Vertrauen in sie gewinnen, zugleich mehr von sich erwarten und auf lange Sicht bessere Leistungen erbringen. Dies wiederum führt dazu, dass sich Ihr Selbstkonzept und damit Ihr Selbstvertrauen deutlicher hervorhebt und gestärkt wird, die beiden Teile dieses Konzepts sich also nunmehr – anders als bei der kreisrunden Grübelbahn – gegenseitig bedingen und verstärken. Fangen Sie dazu nicht gleich bei einem konkreten Vorhaben an, wenn Sie sich unsicher sind, sondern fragen Sie sich, an welchen Punkten in Ihrem Leben Sie, vielleicht völlig unbemerkt, zumindest etwas wie einen Abglanz des Pygmalion-Effekts schon einmal auf sich selbst angewandt haben. Es muss sich nicht um Weltbewegendes handeln, Sie können schlicht an die letzte Diskussion denken, in der Sie das Gefühl hatten, den Nagel auf den Kopf getroffen und Ihre Diskutanten zur Einsicht bewegt zu haben; oder denken Sie an einen Ihrer letzten sportlichen Erfolge, bei dem Sie sich besonders hervorgetan haben, indem Sie etwa eine persönliche Kilometerbestmarke im Laufen geknackt haben. Letztlich handelt es sich beim Pygmalion-Effekt um eine selbsterfüllende Prophezeiung, die umso wirksamer ist, je genauer wir uns ihre Wirkweise bewusstmachen.

Genauso gut können Sie aber auch an Personen denken, die an Sie geglaubt haben und Sie mit diesem Glauben bekräftigt haben, einen bestimmten Weg einzuschlagen oder eine Hürde zu nehmen. Und natürlich sollten Sie auch selbst überprüfen, an wen Sie glauben oder geglaubt haben und ob oder wie sich dies bemerkbar gemacht hat. Haben Sie beispielsweise einmal einen Freund in einer schweren Zeit unterstützt? Haben Sie beim Nehmen einer Hürde geholfen? Haben Sie der besten Freundin Mut vor einer wichtigen Präsentation zugesprochen? Suchen Sie nach diesen Momenten und versuchen Sie, sich sie und ihre Auswirkungen zu vergegenwärtigen. Dann beginnen Sie bei sich selbst zu suchen und finden Sie einen Punkt, an dem Sie sich den Pygmalion-Effekt schon einmal zunutze gemacht haben. Von dieser Erfahrung ausgehend, versuchen Sie, ihn auf eine in der Zukunft liegende Aufgabe zu richten, keine große, sondern eine, an die Sie zwar stetig denken, die Ihnen aber nicht drei schlaflose Nächte in Folge bereitet hat, und gehen Sie diese sich des Effekts bewusst mit einer starken Sicht auf Ihre Erfolgsaussichten an. Haben Sie diese Aufgabe hinter sich gebracht und waren dabei sogar überzeugt von sich – dann hat es funktioniert. Nun können Sie sich noch größeren Hemmschwellen in Ihrem Leben mit dieser Gewissheit zuwenden. Viel Erfolg, und denken Sie daran: Glauben Sie an sich!

„Denke lieber an das, was du hast, als an das, was dir fehlt! Suche von den Dingen, die du hast, die besten aus und bedenke dann, wie eifrig du nach ihnen gesucht haben würdest, wenn du sie nicht hättest.“

Mark Aurel

Der Ursprung allen Grübelns

Sie wissen selbst am besten, ob Sie noch zu der langsam, aber sicher aussterbenden Gattung der Zeitungsleser zählen, Tageszeitungen jenen „plattgedrückten Kuchen“, wie Wolfgang Koeppen sie einmal genannt hat, die Angst schwitzen. Die informierte Gesellschaft ist eine wehrhafte und im besten Falle weise, aber jeder Zeitungsleser oder meinetwegen Nachrichtengucker gerät an den Scheitelpunkt der Erkenntnis, an dem er mit einer von allzeit verfügbaren Informationen und Meldungen übersättigten Stimme sagt, „bis hierhin und nicht weiter. Wie kann man das nur aushalten? All das Leid, all diese Bilder. Die Erde ist ein Tollhaus.“ Für diese Konsequenz lässt sich kein Mensch verurteilen. Wen der Anblick des Leids kalt lässt, der ist selbst erkaltet. Suchen Sie sich nur die

Schlagzeilen aus, im Moment sind es die wachsende Zahl von mit SARS-CoV-2 Infizierten, Bilder aus Krankenhäusern in der Lombardei, in denen Menschen in Zelten langsam sterben, weil es keine Beatmungsgeräte mehr gibt. Zudem das Leid der Kriegsflüchtlinge, die feststecken zwischen griechischer und türkischer Grenze, auf die die dortige Polizei schießt und die von neonazistischen Schlägertrupps krankenhausreif geprügelt werden. Für denjenigen, der die Nachrichten verfolgt, ist diese Kaskade aus Bildern, Zahlen und Meinungen naturgemäß eine schwerverdauliche Angelegenheit.

Niemand nimmt irgendwem übel, dass ihm oder ihr die weltpolitische Lage, wie sie einem tagtäglich widergespiegelt wird in Zeitung und Fernsehen, auf den Magen schlägt oder auf das Gemüt drückt. Wer also nachts keinen Schlaf findet über Fragen, die ihn zwar nicht unmittelbar betreffen, die ihn aber doch fragen lassen, wie solches Leid zustande kommt, der gerät schnell und unversehens in einen Kreislauf der Grübelei, aus dem nur schwierig herauszufinden ist. Wenden wir unseren Blick also zunächst der Einschätzung dieser uns nicht unmittelbar persönlich betreffenden Angelegenheiten zu, die häufig der Urgrund des Grübelns sind. Wir haben weiter oben bereits festgestellt, dass unsere Wahrnehmung eigentlich nie ungefiltert funktioniert, dass es immer ein Sieb gibt, dass (vermeintlich) Nützliches vom Unnützen scheidet. Und trotzdem können wir uns des Gefühls beim Schauen der Nachrichten nicht erwehren, betroffen zu sein von dem, was da über den Bildschirm flimmert. Woran liegt das? Diese Wahrnehmung liegt zum einen begründet in der Funktionsweise unserer Spiegelneuronen. Allesamt besitzen wir eine beträchtliche Anzahl dieser besonderen Verbindungsstellen im Gehirn, die uns Situationen und Menschen einschätzen lassen, in dem sie uns an ihre Stelle versetzen. Der Effekt liegt ganz offen zutage und jeder wird ihn schon einmal an sich beobachtet haben, etwa, wenn er oder sie eine Person in der Öffentlichkeit weinen sieht; augenblicklich empfinden die meisten Menschen Mitleid und haben das Gefühl, helfen zu müssen. Dies ist der vornehmste Ausdruck unserer Empathie. Wie wir wollten, dass uns in einer Situation geholfen werden würde, in der wir weinen müssen, so spiegelt es unser Gehirn wider, so wollen auch wir helfen oder uns zumindest angemessen verhalten. Sehen wir nun das Leid anderer Menschen, die uns nicht in einer vis-a-vis-Situation begegnen, sondern nur vermittelt beispielsweise über Nachrichtenbilder, vollführt unser Gehirn exakt denselben Prozess und setzt uns an die Stelle der Leidtragenden. So empfinden wir die schrecklichsten Bilder immer zu einem gewissen Teil auch selbst, sie schlagen uns aufs Gemüt, und wenn wir dann später am Abend ins Bett gehen, fällt es uns schwer, die Eindrücke schlicht und ergreifend zu löschen. Das ist eine egoistisch gesprochen lästige Angewohnheit unseres Gehirns, aber ihr Nutzen ist um ein Vielfaches größer; denn nur so können wir anderer Personen Gefühlslage und Verhalten deuten und uns – wie erwähnt – angemessen darauf reagieren und uns entsprechend verhalten. Zum zweiten sind wir aber auch geneigt, den sogenannten „Negativitätsbias" der Nachrichten, die uns eigentlich ja nicht direkt betreffen, auf unsere Widerspiegelung der Welt zu übertragen. Dieses Bias, also das Übergewicht des Negativen, ist zentraler Bestandteil jeder Nachrichtenlage. Über Erfreuliches lohnt es sich weniger zu berichten, da gemäß der Aufmerksamkeitsökonomie des Menschen diesem weniger Gehör geschenkt wird. Das

Nachrichtenmagazin Der SPIEGEL ist etwa bekannt für bisweilen reißerische Titel, im Heft selbst verbirgt sich aber auf einer halben Seite die Rubrik mit dem sarkastischen Titel „Früher war alles schlechter“. Hier werden Erfolge bei der Aufforstung der deutschen Wälder, den abnehmenden Zahlen aktiver Raucher oder die Ausrottung von Krankheiten in ein diachrones Vergleichsfeld eingefügt, mit dem Ergebnis, dass tatsächlich nicht alles schlecht und schlimm ist, sondern es durchaus bedenkenswerte Erfolge gibt, die es zu benennen lohnt. Diese Rubrik wird natürlich vom restlichen Inhalt der Ausgabe ein wenig konterkariert, geht es darin doch auch hauptsächlich um die Krisenherde der Welt. Dennoch: dieser Ansatz ist interessant und zudem ein ungewöhnlicher für ein Nachrichtenmagazin. Und er könnte helfen.

Bereiten Ihnen also die Weltlage und die Politik Kopfzerbrechen und grübeln Sie über Auswege oder ihre Bedeutung für Sie, halten Sie sich an ganz konkreten Errungenschaften fest, die sich nicht kleinrechnen oder relativieren lassen. Erlauben Sie sich durchaus den Gedanken, dass Vieles in der Welt im Argen liegt, aber denken Sie gleich danach daran, dass es etwas Positives gäbe, das Sie als berichtenswert erachten, ganz gleich, worum es sich handelt. Zudem sollten Sie an dieser Stelle versuchen, zwischen dem Sie direkt Betreffenden und dem Sie nur mittelbar Betreffenden zu unterscheiden. Aber ist das wirklich so einfach? Es gibt ein Konzept, dass Ihnen helfen kann, diese Unterscheidung zu treffen, und zwar das der Unverfügbarkeit. Unverfügbarkeit, das klingt im ersten Moment nach leeren Lebensmittelregalen im Supermarkt, damit hat es aber nun rein gar nichts zu tun. Dieses soziologische Konzept besagt simpel ausgedrückt, dass es Dinge gibt, die in unserer Macht liegen, während andere Dinge unserer Einflusssphäre völlig entrückt sind. Die Wahl des nächsten US-amerikanischen Präsidenten werden wir wohl kaum beeinflussen können; wir könnten fleißig E-Mails schreiben und den amtierenden Präsidenten ermahnen, seine schreckliche Einstellung zu Frauen zu überdenken, natürlich, aber wir können zugleich ziemlich gewiss sein, dass diese E-Mails unbesehen im digitalen Papierkorb des White House landen. Dies wäre also ein Beispiel für ein uns unverfügbares Moment. Davon ausgehend lassen sich aber verfügbare Momente unseres Lebens benennen, die sich gar nicht fernab dieser Pfade bewegen; ein Kompromiss, den zu machen man bereit sein sollte, wenn schon der direkte Draht zum Präsidenten der Vereinigten Staaten fehlschlägt, ist es, im Alltag auf ungebührliches Verhalten gegenüber

Frauen hinzuweisen, um im Beispielkontext zu bleiben. Damit leisten Sie einen Beitrag, die Welt zumindest in Ihrem Alltag nicht ähnlich gleichgültig damit umgehen zu lassen. Und so verhält es sich mit allen Bereichen des öffentlichen Lebens: Die Wahl und das Verhalten rechter Parteien können Sie ebenfalls nur sehr beschränkt beeinflussen, doch zumindest können Sie im Alltag wachsam sein und auf solche Stimmen lauschen, die Ausländern gegenüber Stimmung machen und dagegen aufstehen. Wenn Sie es schaffen, sich einzumischen in den verfügbaren Bereichen Ihres Lebens, werden Sie relativ schnell an einen Punkt gelangen, an dem Sie der Angst beim abendlichen Nachrichtenschauen nicht mehr kampflos das Feld überlassen, weil Sie sich im Kleinen als selbstbewusst und wirksam erwiesen haben.

„Denke nicht so oft an das, was dir fehlt, sondern an das, was du hast. „

Marc Aurel

KONZENTRATION AUF DAS POSITIVE

In gewisser Weise haben wir im Abschnitt zuvor schon eine weitere Strategie kennengelernt, das Grübeln zugunsten des Handelns aufzugeben. Es gibt aber noch eine viel einfachere, weil allzeit anwendbare Methode, grüblerische Gedanken zu verscheuchen, und zwar das etwas lapidar klingende Konzentrieren auf das Positive. Sie mögen einwenden, dass das ja zu schön um wahr zu sein klinge, das löste ja jedes Problem mit dem Grübeln in Sekundenschnelle, wenn es nicht so schwierig wäre – und das stimmt. Dass positive Gedanken die negativen verscheuchen, steht außer Frage. Aber wie aktivieren Sie am besten positive Gedanken? Hier ist es hilfreich, sich einen Fundus an positiven Gedanken „anzulegen", das heißt jederzeit verfügbare, beruhigende, positive Gedanken, die als Fluchtweg dienen. Sollten Sie also ins Grübeln geraten oder sich von negativen Gedanken übermannt fühlen, erlauben Sie diesen, sich Ihrer für eine Zeitspanne, die sie selbst festlegen sollten, zu bestimmen; es kann sich um fünf Sekunden handeln oder um dreißig, das spielt keine große Rolle. Nach Ablauf dieser Zeit aber legen Sie die Hand aufs Herz oder die Brust und greifen Sie sich aus Ihrem Gedankenfundus der positiven Gedanken fünf heraus, auf die Sie Ihre volle Konzentration richten. Schließen Sie am besten dabei noch die Augen, um wirklich nicht abgelenkt zu werden. Nehmen Sie sich jetzt unabhängig von einer Zeitmarke alle Zeit, die Sie brauchen, um die negativen Gedanken beziehungsweise das Grübeln zu überlagern.

Es muss sich übrigens nicht um wahnsinnig elaborierte Gedanken handeln. Es reichen Gedankensplitter, an denen Ihre Fantasie andocken kann. Es kann sich also um Gedanken an Ihre Haustiere, liebgewonnene Menschen, die für Sie da sind, oder um eine Ihnen bevorstehende schöne Aktivität handeln, das spielt keine Rolle und ist hochgradig individuell. Wichtig ist nur, dass Sie danach das Gefühl empfinden, die Grübelei zumindest fürs Erste verscheucht zu haben. Mit dieser Methode macht man sich die wohl effektivste Sicherung des Gehirns zum Verhindern negativer Gedanken zunutze, nämlich die, dass sich nicht zwei Gedanken auf einmal denken lassen; sehr wohl können Sie telefonieren, während Sie auf einem Block kritzeln, Sie können also zwei Dinge gleichzeitig tun, das berühmte Multitasking, für unser Gehirn aber gilt diese Regel nicht. Wir können stets nur in Abfolgen von Gedanken denken, obschon dies uns manchmal anders scheinen mag, wenn unsere Gedanken ein gleichzeitiges Feuerwerk an Sorgen und negativen Gedanken abbrennen. Wir werden in weiteren Übungen auf diesen Effekt noch einmal zurückkommen, der hier vorgestellte ist aber sicher der tauglichste für die meisten Alltagssituationen, benötigt man dafür doch nichts weniger als einen Gedankenfundus und drei ruhige Minuten. Wenn Sie sich noch darüber sorgen, wie der Aufbau des Gedankenfundus mit positiven Gedanken denn vonstatten gehen soll, keine Sorge! Weiter unten wird Ihnen dafür mit dem Erfolgsjournal ein Instrument an die Hand gegeben, dass Ihnen den Aufbau von Reserven an positiven Gedanken immens erleichtert.

„Es ist besser, ein einziges kleines Licht anzuzünden, als die Dunkelheit zu verfluchen. „

Konfuzius

Grübeln über die Vergangenheit

Nichts lässt einen derart unbefriedigt zurück wie das Grübeln über die Vergangenheit. Das Grübeln ist ja seiner Definition nach schon ein auswegloses Wiederkäuen von Gedanken, deren Ausweglosigkeit man anerkennt und akzeptiert, ohne die Lösungswege, die aus der Malaise herausführen, zu sehen. Kommt dann noch hinzu, dass wir uns Gedanken machen über in der Vergangenheit liegende Situationen, dann ist die Misere wirklich komplett, weil diese Zeit unserem aktuellen Aktionsradius sowieso vollkommen entrückt ist. Wieso also können wir nicht aufhören damit, uns Gedanken über die Vergangenheit zu machen? Brauchen wir das womöglich, dieses Grübeln darüber? Und gibt es Auswege?

Zunächst: Es ist nicht in jedem Falle völlig zwecklos, über die Vergangenheit ins Grübeln zu geraten. Unser Gehirn weiß zu großen Teilen sehr wohl, was gut für uns ist und was nicht. Mit jeder abermals durchdachten und reflektierten Situation, die in der Vergangenheit liegt, schärfen wir unsere eigenen Wahrnehmungsfähigkeiten für die Zukunft. Das mag ernüchternd klingen, als müssten wir über uns ergehen lassen, was wir eigentlich nicht wollen, dieses Gedankenkarussell gegen jedwede Veränderbarkeit. Trotzdem ist nicht von der Hand zu weisen, dass wir uns, haben wir in der Vergangenheit ein Hindernis etwa nicht so gemeistert oder sind es nicht so angegangen, wie wir es uns eigentlich gewünscht hätten und haben wir also die Erfahrung eines Misserfolgs gemacht, wird uns das ein zweites Mal nicht so einfach passieren. Wir werden die gemachten Erfahrungen (im besten Falle) übertragen auf die neue, bevorstehende Situation, und uns entsprechend unseres nun größeren Erfahrungsschatzes anders verhalten, um einem Misserfolg auszuweichen. Deswegen gibt es zuweilen gute Gründe, sich selbst und seine Vergangenheit zu hinterfragen und zu reflektieren.

Aber auch hier können Sie zu Recht einwenden: Das sind nicht die Fragen, die meinen Kopf kreisen lassen. Vielmehr handelt es sich um solche Momente der eigenen Vergangenheit, die ganz unmittelbar nur mit mir selbst zu tun haben, die ich eigentlich nicht noch einmal durchdenken muss und will. Touché. Diese Gedanken sind quälend, jeder kennt sie. Gehen Sie aber nicht zu vorschnell vor, alles Grübeln über die Vergangenheit abzutun als lästigen Oberton, der durch den Kopf wabert. Fragen Sie sich erst ganz bewusst: Warum durchdenke ich dieses oder jenes noch immer und warum so intensiv? Könnte es daran liegen, dass die Situation für mich noch nicht abgeschlossen ist, sondern noch Fragen offen bleiben, die dafür sorgen, dass der Gedanke nicht verschwindet? In vielen Fällen werden Sie sicherlich zu dem Schluss kommen, dass da noch etwas ist, das an Ihnen nagt. Versuchen Sie sich also klar zu machen, welchen Ausweg es aus dem vermeintlich berechtigten Grübeln gibt. Nehmen Sie sich daher ein Problem/eine Situation der Vergangenheit vor, die sich nicht loslässt, und schreiben Sie diese soweit Sie sich daran erinnern genau auf. Versuchen Sie dann, die Problematik des vergangenen Geschehens zu priorisieren, das heißt, gehen Sie systematisch seine einzelnen Bestandteile durch und überlegen Sie, an welchen Punkten das Nachdenken besonders starke Widerhaken besitzt. Somit haben Sie die Punkte gefunden, die am dringendsten der „Behandlung“ bedürfen, weil sie dafür sorgen, dass sich die Erinnerung nicht verdrängen lässt. Denn eines muss Ihnen dabei völlig klar sein: So wie es im Internet ein Recht auf Vergessen gibt, so haben auch Sie ein Recht darauf, Gedanken in den Hintergrund zu schieben, wenn sie Sie zu lange belasten. Fragen Sie sich also nach der Priorisierung und Feststellung der kritischen Punkte Ihres Gedankens an die Vergangenheit, ob Sie eine Lösung sehen, diesen Punkt durch Ihr Handeln aus der Welt zu räumen. Wenn dem so sein sollte, halten Sie sich daran, alles dafür zu geben, ihn zu klären; sollten Sie diese Frage mit Nein beantworten, fiele dieser Gedanke voll und ganz dem Reich des Unverfügbaren, wie wir es oben beschrieben haben, zu. Sobald Sie aber einen Gedanken als unverfügbar für die Lösung in der Gegenwart oder nahen Zukunft erkannt haben, sollten Sie ihn genauso behandeln wie jeden Gedanken an Unverfügbares – er befindet sich nicht mehr in Ihrer

Macht und einzig ihre Perzeption des Gedankens verleiht ihm die erwähnten Widerhaken.

Es wirkt für uns selten tröstlich, mit Binsenweisheiten, derer es viel zu viele gibt, zu trösten. Aber dass die Zeit (beinahe) alle Wunden heilt, dessen kann sich jeder Mensch gewiss sein. Es muss dafür einiges wiederum sprichwörtliches Wasser den Rhein hinuntergeflossen sein, das steht außer Frage. Doch versuchen Sie zu bedenken, welche Konsequenz Ihnen die Leugnung dieses Umgangs auferlegte: Sie hätten sich selbst verurteilt, den wenig fruchtbaren, da unverfügbaren Gedanken, wieder und wieder zu erleben, also einen Murmeltiertag nach dem anderen zu erleben. Das wäre in jedweder Hinsicht hinderlich. Das heißt jedoch nicht, dass Sie sich nicht auch an dieser Stelle das Grübeln erlauben sollten! Stellen Sie sich das Bekämpfen der Grübelei nicht vor als etwas, das man mit der Flexibilität einer Bahnschwelle angehen sollte, sondern bleiben sie dahingehend „elastisch“; es vermag einem auf lange Sicht Trost zu geben, einen Gedanken beiseite schreiben zu können (und das gelingt mit den allermeisten Gedanken), wenn Sie über einen unverfügbaren Sachverhalt in der Vergangenheit aber partout nicht zur Ruhe kommen können, lassen Sie auch diesen – wohlgemerkt: vorerst! – zu. Mit dem zeitlichen Abstand wird sich ein Großteil der grüblerischen Gedanken ins rechte Bild setzen, dass Sie nachher darüber werden schmunzeln können, so lange durchdacht zu haben, was des Durchdenkens Ihnen im Nachhinein vielleicht gar nicht mehr würdig erscheinen mag – oder, um es mit Georg Christoph Lichtenberg zu sagen: „Er war ein solcher aufmerksamer Grübler, ein Sandkorn sah er immer eher als ein Haus.“ Ein tröstlicher Gedanke. Denken Sie also an das große Ganze Ihres Lebens und halten

Sie sich an die Punkte, die Ihnen in der Gegenwart und Zukunft die größte Aussicht auf Lebensfreude bereithalten. Denn dafür leben Sie schließlich.

„Fang nie an aufzuhören,
hör nie auf anzufangen. „

Marcus Tullius Cicero

WEGE ZUM POSITIVEN UMGANG MIT DER VERGANGENHEIT

In seinem Bühnenstück „El gran teatro del mundo“ lässt Pedro Calderón de la Barca im 17. Jahrhundert eine ganze Reihe an allegorischen Figuren auftreten, die Schönheit, die Weisheit, den König, den Armen und – die Welt. Die Welt diskutiert dabei mit allen Figuren ihre Haltung zum Leben, das ihnen auf ihr vergönnt ist. Am Ende resümiert sie: „Und da aus Vorstellungen / dieses ganze Leben besteht, / verdient es, Verzeihung zu erhalten / für die einen wie die anderen.“ Diese letzten Verse sind versöhnlich gehalten und versöhnlich blickt die Welt auf alle vorgebrachten Argumente und Rechtfertigungen des Lebens, um zu urteilen, dass es letztlich weder auf die Schönheit oder den Reichtum oder Macht besteht, sondern nur aus Vorstellungen, die sich jeder Mensch davon macht. Ein tröstliches Wort also am Ende dieses Dramas. Und es lässt sich daraus eine Konsequenz für den Umgang mit der Vergangenheit abschöpfen, eine Konsequenz für den positiven Umgang mit der Vergangenheit.

Diese Konsequenz lässt sich mit einem Begriff treffend umschreiben: Dankbarkeit. Zugegeben, das klingt im ersten Moment etwas altbacken, nach religiöser Grundierung oder arg unkonkret. Aber tatsächlich lässt Dankbarkeit sich üben und ganz konkret anwenden. Als erstes ist wichtig, was wir oben schon angedeutet haben, nämlich Erinnerungspunkte in der eigenen Vergangenheit zu finden, an denen man sich festhalten kann. Weil sich das Bild an dieser Stelle so hervorragend anbietet, nennen wir sie einfach „Ankergedanken". Diese Ankergedanken sollen also das Ziel unserer Dankbarkeit sein. Es geht nicht um das „Danke" für einen erfüllten Gefallen, sondern um eine angemessene Würdigung der Bestandteile des eigenen Lebenswegs, die einem geglückt sind, an denen man unter Umstände nicht allein Anteil hatte. Da wir eingangs festgehalten haben, dass der Mensch und sein Gehirn sich allzu schnell an Annehmlichkeiten gewöhnen, ganz gleich welcher Art, ist es wichtig, sich bewusst vor Augen zu führen, wofür man Dankbarkeit ausdrücken kann. Das können Abstrakta sein, das Leben in einer freiheitlichen Demokratie, die einen nicht aufgrund äußerer Merkmale verfolgt, Dankbarkeit für die Möglichkeit, bei Krankheit oder Schwierigkeiten Leben von offiziellen staatlichen Stellen Hilfe zu erhalten. Oder es handelt sich bei den Ankergedanken gleich um Konkreta, sprich: Freunde, Familie, Dinge, die einem wertvoll sind, vielleicht das Glück, ein Instrument zu beherrschen oder nur fremde Musik hören zu können, das Glück, das manch einer beim Lesen eines Buches empfindet.

All das sind rudimentäre Beispiele für mögliche Ankergedanken. Und beim Lesen dieser Zeilen kommen sie einem vor allem als „normal“ vor. Klar, wir haben uns an diese Dinge gewöhnt. Deshalb sollten wir uns also in Dankbarkeit diesen alles andere als selbstverständlichen Dingen gegenüber üben.

Eine Möglichkeit besteht darin, ein Journal des Danks zu führen (zum Journaling generell kommen wir später noch). Dieses Journal ähnelt einem Tagebuch, das jedoch nicht gefüllt wird mit den Ereignissen des Tages, die einem begegnen, sondern mit den Dingen, für die wir uns dankbar zeigen. Wichtig ist, sich ein bestimmtes Zeitfenster, das man möglichst regelmäßig einhält, für diese Aufgabe bestimmt, das heißt auch, dass man nicht einfach zwischen Tür und Angel ein paar Zeilen aufs Papier kritzelt; diese Übung lebt von der Bewusstmachung des

Niedergeschriebenen. Die meisten Menschen finden die Zeit dafür abends nach der Arbeit, als eine Art Feierabendprogramm vor dem Schlafengehen, und tatsächlich ist das durchaus sinnvoll, da wir auf diese Weise vor dem Einschlafen uns zuletzt mit den positiven Gefühlen beschäftigen, die wir mit Ankergedanken verbinden. Nehmen Sie sich also Stift und Papier (oder besser gleich ein richtiges, gebundenes Journal, Notizbuch oder Tagebuch) und beginnen Sie zu einem Tageszeitpunkt, der Ihnen am besten passt. Nehmen Sie sich vor, einzig und allein diejenigen Sachen aufzuschreiben, für die Sie dankbar sind – Sie müssen kein Schema befolgen, aber es kann helfen, mit den Dingen zu beginnen, für die Sie am entsprechenden Tag Dankbarkeit empfunden haben, um davon ausgehend die Ankergedanken der Vergangenheit zu erforschen. Sie werden den sich bald einstellenden

Erfolg bemerken, insbesondere dann, wenn Sie zusätzlich zu dieser Schreibarbeit überlegen, wie Sie Situationen wiederholen können, in denen Sie Dankbarkeit empfunden haben, ohne sie vielleicht direkt zum Ausdruck gebracht zu haben. Dann werden Sie im nächsten Moment nicht unvorbereitet sein, Ihre Dankbarkeit innerlich oder einem Menschen gegenüber zum Ausdruck bringen zu können und somit ein bewussteres Empfinden zu erreichen. Nicht nur Ihre Umwelt und die Personen, mit denen Sie Umgang haben, werden es bemerken und Ihnen danken, nein, auch Ihr Körper und zumal Ihr Geist werden von dieser Übung enorm profitieren.

„Veränderung wird nur hervorgerufen durch aktives Handeln nicht durch Meditation oder Beten alleine. „

Dalai Lama

Grübeln über die Zukunft

Vermutlich ist die Zukunft in noch viel größerem Maße als die Vergangenheit ein Grund des Grübelns. Viele vergangene Situationen, die wir uns in den unpassendsten Momenten wieder vor Augen führen, lassen uns zumeist nur seufzen, die Hände vors Gesicht schlagen und denken: „Du meine Güte, was war ich für ein Trottel in diesem oder jenen Moment!“ Ganz anders verhält es sich mit der Zukunft. In die Zukunft projizieren wir unweigerlich die Summe der Erfolge oder Misserfolge, die wir bisher erlebt haben oder die wir auf Grundlage unserer Fähigkeiten zu erreichen glauben. Anders ausgedrückt: Was wir bisher geschafft oder nicht geschafft haben, beeinflusst unsere Sicht auf die Zukunft ebenso, wie das Vertrauen in unsere eigenen Fähigkeiten. Das klassische Beispiel für eine solche Zukunftssituation, die mit unwägbaren Momenten einhergeht, ist die

Präsentation vor Publikum. Egal, ob es sich um einen Vortrag in der Universität, einen vor den Kollegen auf der Arbeit, oder eine Show handelt. Anderen Menschen gegenüber fühlen wir meistens einen besonderen Erfolgsdruck und überschätzen die Möglichkeiten des Misserfolgs in gewaltigem Maße. Stellen Sie sich vor, wann Sie zuletzt eine Präsentation haben halten müssen, und wie Ihnen davor zu Mute war; man kann in eine solche Situation noch so gut vorbereitet gehen, ein gewisser Restzweifel bleibt eigentlich immer und verschwindet erst, nachdem wir die Präsentation gehalten und „überstanden" haben. Freilich gibt es solche Menschen, denen man die anfängliche Nervosität bei einer Präsentation nicht anzumerken glaubt, aber seien Sie sicher, auch der bestvorbereitete Experte spürt diesen gewissen, nur schwierig zu greifenden Druck. Wir wollen auf dieses

Präsentationsbeispiel später in diesem Abschnitt zurückkommen.

Warum also macht uns die Zukunft häufig Angst, bringt uns ins Grübeln und trägt dazu bei, dass wir die eigene Unsicherheit schmerzlich deutlich empfinden? Am einfachsten kann man diese Frage wohl anhand eines kleinen Vergleichs mit der Sorge um die Vergangenheit vergleichen. Die Vergangenheit, zumal unsere eigene, liegt uns offen zu Tage; wir sehen vor unserem geistigen Auge den Ablauf bestimmter Situationen, die uns in der Gegenwart noch ins Grübeln bringen, wir können auf Zeitraffer stellen, aber genauso zurückspulen, anhalten und andere Kameraperspektiven ausprobieren – unser Gehirn kann also richtiggehend Wunder vollbringen, wenn uns ein bereits „abgedrehter Film“ vorliegt. Die Zukunft demgegenüber ist völlig offen. Und völlig offen meint in diesem Falle auch, dass man sämtliche Situationen, mögen sie auch noch so unwahrscheinlich sein, als möglicherweise eintreffend einschätzt. Wir reden meist mit einem ironischen Unterton vom sprichwörtlichen „Gesetz Murphys“, das besagt, dass alles, was schiefgehen kann, tatsächlich schiefgehen wird. Trotz dieses ironischen Untertons, mit dem wir den maximal katastrophalen Ausgang einer Situation häufig beurteilen, glauben wir im Innersten, dass die Wahrscheinlichkeit dafür nun wirklich besteht – wenigstens in unserem Falle. Gegenüber anderen benutzen wir die Floskel immer nur als Beruhigung und Scherz, wir selbst aber nehmen für uns in Anspruch, dass darüber nicht zu lachen ist. Dabei ist es übrigens völlig unerheblich, ob es sich um solche Situationen und Sachverhalte dreht, die uns ganz direkt und unmittelbar persönlich betreffen, oder um solche, die im Reich des Unverfügbaren liegen, etwa – im Extremfall – die Wahrscheinlichkeit eines ausbrechenden Krieges oder einer Naturkatastrophe. An diesen möglicherweise eintretenden Zukunftsvisionen können wir nichts ändern, trotzdem halten wir sie für ganz und gar nicht unrealistisch.

Nun müssen wir, um dieses Dilemma der maximal schlimmen Zukunftserwartung zu lösen, zurückkommen auf das Konzept der Unverfügbarkeit. Und zwar in dem Sinne, dass wir uns die Zukunft als einen Weg vorstellen, auf dem wir durch viele Türen hindurch entlang schreiten. Das hat nichts mit einem blanken Schicksalsglauben zu tun, der die Freiheit des Menschen negiert, nur hilft dieses Bild beim Verstehen der Problematik. Diesen Weg oder zumindest die Teilstücke des Weges vor den Türen, die wir durchschreiten, müssen wir sauber halten. Inwiefern sauber halten, fragen Sie? Stellen Sie es sich ganz bildlich vor! Sie bekommen einen Kehrbesen in die

Hand gedrückt und sollen damit so gut es eben möglich ist, Widrigkeiten und Hindernisse aus dem Weg fegen. Sie müssen dafür selbstredend die Augen gerichtet halten auf Ihr Stück des Weges, ansonsten sehen Sie nicht, ob Sie die Hindernisse und Widrigkeiten nicht einfach nach vorne schieben, vor die nächste Tür. Und wenn Sie sich einen kurzen, ganz raschen Blick erlauben nach links und nach rechts, dann sehen Sie auch dort Wege; wenn wir große Vokabeln bemühen wollen, sehen wir links, etwas im schwer durchschaubaren Nebel, die Weltgeschichte liegen, wie sie uns täglich in den bereits erwähnten Nachrichten widergespiegelt wird. Wohlgemerkt: dieser Weg ist ein parallel zu unserem verlaufender, was bedeutet, dass wir kaum in die Situation kommen werden, auch ihn kehren zu müssen – unnötig das Unterprimawissen zu erwähnen, dass Parallelen sich nie kreuzen oder berühren. Rechts von uns sehen wir etliche weitere Wege, auf denen hoffentlich ebenso gründlich wie auf unserem gekehrt wird. Das also sind die Wege unserer Mitmenschen. Nun ist hier dieses Bild ein nicht ganz zulängliches. Ja, natürlich beeinflussen wir unsere Mitmenschen, beeinflussen Sie uns, und viele von ihnen gehen ein Stück unseres Weges mit uns, bisweilen ein ganzes Leben lang. Mit unserem Besen ist aber auf ihrem Weg schlecht kehren, stellen wir uns etwa vor, dass nur unser Besen aus dem richtigen Material für unseren Straßen- oder Wegbelag gemacht ist. Sehr wohl aber können wir hinüberrufen – denn die Straßen rechts von uns liegen uns wesentlich näher als die links von uns –, und mit diesem Rufen können wie eventuell Tipps geben, wie die anderen ihre Besen denn besser zu schwingen hätten. Letztlich wird aber kaum jemand bestreiten können und wollen, dass jeder mit den Widrigkeiten seines Lebens selbst zurechtkommen muss, das meint dieses Bild. Unsere Hilfe anderen gegenüber kann immer nur eine Hilfe zur Selbsthilfe sein.

Wenden wir uns wieder unserem eigenen Weg zu. Sie werden sich sicherlich gefragt haben, „Schön und gut, das Bild vom Weg ist ja ein nachvollziehbares, das soll also mein eigener Lebensweg sein, aber was ist mit dem Besen, woraus ist der denn nun gemacht?“ Diese Frage ist die genau richtige und rührt bereits an den Umgang mit dem Grübeln über die Zukunft. Sie erinnern sich, die Besen der anderen fleißigen Feger rechts unseres Weges sind alle aus verschiedenem Material, genauso wie ihre Wege. Dieser Besen also besteht aus zweierlei: zum einen aus der Vision, die wir uns von unserem Leben machen; das kann, mit grobem Pinsel gemalt, ein Lebenstraum sein, den wir verfolgen, das kann aber auch eine dezentere Abfolge kleiner Erfolge sein, auf die man beispielsweise im Beruf hinarbeitet. Zum anderen besteht er aus unseren Fähigkeiten und den Überzeugungen, die wir darüber haben; das bedeutet, dass wir unser eigenes Fähigkeitsselbstkonzept beziehungsweise Selbstwirksamkeitskonzept überprüfen müssen. Hinter diesen beiden Wortungetümen stecken Aspekte der (positiven) Psychologie. Ersterer meint das genaue Bild unserer Fähigkeiten, von denen wir überzeugt sind, dass sie uns in zukünftigen Situationen als Werkzeuge dienen können, um Hindernisse zu überwinden und Marksteine auf unserem Weg zu nehmen. Man kennt diese Form des Konzepts bereits aus der Schule, bei der man sich an einem bestimmten Punkt seiner Laufbahn zu entscheiden hat für eine entweder naturwissenschaftliche, sprachliche oder sonstige Richtung. Und so weiter geht es mit der Studienwahl, beispielsweise. Diese werden wir gemäß der Überzeugungen, die wir uns von unseren Fähigkeiten machen, treffen; wer also in der Schule besonders in den sprachlichen Fächern brillierte, wer sich im Englischen und Französischen so wohl fühlte, wie ein Fisch im Wasser, der sollte wohl eine Laufbahn in der Anglistik oder Romanistik in Erwägung ziehen. Leider beobachtet man heutzutage häufig eine den eigenen Interessen und Fähigkeiten zuwiderlaufende Wahl der Studienfächer, die sich zuweilen bemisst an den maximalen Verdienstmöglichkeiten im späteren Leben, die vorgegeben werden von einer Abiturnote – wer mit einem Bestnoten-Abitur sein Glück stets gefunden hat in sprachlichen Fächern, sich aber dennoch für ein Studium der Medizin entscheidet, der wird zwar unter Umständen glücklich werden, hat aber eigentlich nicht den Weg der maximalen Ausschöpfung seiner Fähigkeiten in einem Gebiet, das ihm oder ihr mehr Glück verspricht, zumindest zeitweise verschlossen. Insbesondere bei der Berufswahl oder bei der Orientierung hin zu einer Ausbildung gilt, dass der Punkt des maximalen Interesses eigentlich nie der falsche Weg ist.

„Wenn du den Erfolg so sehr willst, wie du Luft zum Atmen, dann wirst du Erfolg haben. „

Eric Thomas

Das führt zu zweitgenanntem Konzept, der Selbstwirksamkeit. Mit diesem wird beschrieben, wie sehr ein Mensch fest daran glaubt, mit seinen Fähigkeiten bewusst seine Zukunft gestalten zu können mit seinen Fähigkeiten. An diesem Selbstwirksamkeitskonzept, das lesen Sie vielleicht bereits heraus, hängt eine Menge Überzeugung von sich selbst, sprich: Selbstvertrauen. Hier trennen sich häufig die Grübler von den sehr aktiven, anpackenden Personen. Auch wer viel grübelt über jedwede Dinge, kann ein hohes Fähigkeitsselbstkonzept besitzen; von seiner Selbstwirksamkeit wird er hingegen womöglich weniger überzeugt sein, während der Zupackende die beiden Konzepte in Einklang zu bringen versteht. Es geht also darum, von den eigenen Fähigkeiten aus zur

Überzeugung ihrer Wirksamkeit zu gelangen, um sie zur Problemüberwindung in der Zukunft anzuwenden. Nun ist das meist leichter gesagt als getan. Eine Person, die von sich selbst sagt, sie habe ein geringes Selbstvertrauen, wird kaum binnen kurzer Zeit ohne Weiteres ein solches ausbilden. An dieser Stelle ist es wichtig, sich der eigenen Fähigkeiten vollends bewusst zu werden. Dabei gibt es keine zahlenmäßigen Zielmarken, es kommt also keinesfalls darauf an, möglichst zehn oder zwölf oder zwanzig Fähigkeiten benennen zu können, von denen man glaubt, dass man damit besonders sicher umgehen kann. Jeder Mensch aber wird solche finden, nur hängt es an der eigenen Initiative, sich selbst ihrer bewusst zu werden. Abermals hilfreich kann es sein, diejenigen Dinge zu visualisieren – am einfachsten: aufzuschreiben, die Dinge, die ihm oder ihr in den Sinn kommen, und seien es auch noch vermeintlich kleine Kleinigkeiten. Von diesen lässt sich relativ leicht ausgehen, um ein elaborierteres Fähigkeitskonzept auszuarbeiten. Wenn man dieses beispielsweise in einer Mind-Map noch deutlicher darstellen kann, werden Verbindungsstellen und bestimmte Gruppen von Fähigkeiten deutlich, an die man sich bewusst halten kann.

Es mag etwas unkonkret geblieben sein, wie genau denn jetzt diese Fähigkeiten oder die Ziele, die man sich setzen soll, aussehen; das liegt aber schlicht daran, dass nichts individueller sein könnte. als die Ausgestaltung dieser Fähigkeiten und Ziele. Hier kann also lediglich „Starthilfe“ gegeben werden, den eigenen Prozess der Selbsterkundung anzustoßen und seine Zukunft somit aktiver zu gestalten (und zugleich aus dem Kreislauf des Grübelns herauszufinden). Einige Einschränkungen in Bezug auf die

Ziele, die man sich setzen sollte (was auf keinen Fall vorschreibend gemeint ist!) lassen sich aber machen. Denn tatsächlich gibt es eine ganze Reihe von Zielen, die wissenschaftlich evident auf lange Sicht nicht glücklich machen, die aber in unserer heutigen Zeit mit all ihrer zur Schau gestellten Oberflächlichkeit im ersten Moment erstrebenswert scheinen mögen. Da wäre zum einen Reichtum. Ohne sich an dieser Stelle in den schwierigen Begriffsbildungen und Definitionen verheddern zu wollen, die der Begriff mit sich bringt, gibt es eigentlich eine unausgesprochene gesellschaftliche Einkunft darüber, dass Geld auf Dauer nicht glücklich zu machen vermag. Selbstverständlich ist Geld für einen Menschen, der sich um seine nächste Mahlzeit sorgt, ein unbeschreiblicher Gewinn an Unabhängigkeit und verscheucht seine existentiellen, materiellen Sorgen; wer sich aber auf das Anhäufen von Reichtum fokussiert, wird dadurch nicht glücklicher. Die sogenannte hedonistische Anpassung, die eingangs umschrieben wurde, sorgt für eine rasche Gewöhnung an das Geld und seine Möglichkeiten. Von Jonathan Swift ist der schöne Satz überliefert, man müsse nur in die Gesichter derjenigen blicken, die Reichtümer angehäuft hätten, um zu sehen, was Gott von Reichtum halte. Dieser Satz trifft es durchaus. Wo man mit Geld und Reichtum das Glück quasi zu materialisieren sucht, verhungert ein Teil des Geistes, der – auch das haben wir eingangs besprochen – Grundlage des Glücklichseins ist, sofern er zur Bewertung unserer Gedanken den Hauptteil beiträgt. Genauso wenig ist es aus psychologischer Sicht ein sinnvolles Ziel, die Anerkennung durch andere Menschen zu verfolgen, wie wir das heute vornehmlich aus sozialen Medien kennen. Der hier zugrundeliegende Mechanismus sorgt ebenfalls, ähnlich wie beim Reichtum, dafür, dass wir die Anerkennung, die für uns so wichtig ist und wie sie ihren Ausdruck in der Überzeugung und in der Wirksamkeit unserer Fähigkeiten findet, externalisieren. Die häufig beschworene „Sucht nach Aufmerksamkeit“ ist im Grunde nichts anderes als die Auslagerung der Anerkennung, die von anderen leichter, aber auch wesentlich oberflächlicher zu erhalten ist als durch uns selbst. Am ehesten ist es vergleichbar mit sättigenden Mahlzeiten; Zucker und Kohlenhydrate halten uns kurz und stark auf den Beinen, wir brauchen davon aber immer wieder neue Dosen, um aktiv zu bleiben, Vollkornprodukte und gesunde Fette sorgen demgegenüber für ein langanhaltendes Sättigungsgefühl.

Man sollte aber nicht den Fehlschluss begehen und aus diesem Beispiel der oberflächlichen Bestätigung ableiten, dass die komplette Unabhängigkeit von der Umwelt ein erstrebenswertes

Ziel sei; nichts hilft uns so sehr zu leben wie andere Menschen. Wir haben bereits festgestellt, dass die meisten Menschen wohl am ehesten Dankbarkeit empfinden für gute Freunde, die Familie, schlicht und ergreifend Weggefährten, die wie kaum jemand sonst unser Leben prägen. Deswegen sollte man auch aus einem falsch verstanden Reflex der Segnungen der Weltabgewandtheit nicht glauben, alle Verbindungen zu Mitmenschen zu kappen sei in irgendeiner Form erstrebenswert. Der Mensch als „zoon politikon“ im Sinne Platons ist stets angewiesen auf zwischenmenschliche Interaktion. Ebenso wenig erstrebenswert wie die soziale Anerkennung und häufig mit ihr verbunden ist allerdings die Schönheit. Und mit Schönheit sei an dieser Stelle kein abstraktes Konzept der Ästhetik bezeichnet, sondern die äußere Widerspiegelung dessen, was man in unseren Breitengraden als attraktiv bezeichnet. Auch hier gilt zwar erwiesenermaßen, dass „schöne" Menschen es leichter im Leben haben, wer aber seine eigene Authentizität und damit auch die Überzeugungskraft sich selbst gegenüber auf einem Altar des Vergänglichen opfert, der wird damit auf lange Sicht nicht glücklich werden. Es gilt hier ein Mittelmaß zu finden zwischen sich selbst und seinem Selbstvertrauen bestätigender Haltung, die ihren Ausdruck natürlich auch im Äußeren findet, und der Überbetonung auf Kosten der Vernachlässigung der inneren Zufriedenheit.

Kommen wir am Schluss dieses Abschnitts noch einmal zurück auf die eingangs vorgestellte Situation der Präsentation und was die obigen Ausführungen dafür bedeuten. Wie oben zuletzt festgehalten, kommen wir nicht umhin, uns den schlimmstmöglichen Ausgang der bevorstehenden Präsentation auszumalen; die Technik mag versagen, wir könnten mit einem Blackout sprachlos vor dem Publikum stehen oder wir vergessen vom Lampenfieber etwas benommen unsere gesamten Unterlagen auf dem Schreibtisch und stehen mit leeren Händen da. Wie kann also eine Empfehlung zum Umgang mit dieser Situation lauten? Die Antwort im akuten Fall lautet: Stellen Sie sich den schlimmstmöglichen Ausgang tatsächlich vor; stellen Sie sich vor, die Technik versagt, Sie haben einen Blackout und, ach, Ihre Unterlagen sind auch weg! Dann überlegen Sie aber, wie Sie auf die einzelnen Situationen reagieren könnten. Eine unschlagbare Waffe im Angesicht des Misserfolgs ist zum einen der Humor. Ein selbstironischer Spruch und Ihr Publikum sind Ihnen schon einmal eher gewogen als böse. Dann überlegen Sie davon abgesehen aber, wie Sie das Schlimmstmögliche verhindern können. Räumen Sie bereits am Vorabend sämtliche

Unterlagen, die Sie benötigen, in Ihr Auto, mit dem Sie zum Präsentationstermin fahren – schließlich liegt das ja in Ihrer Hand, Ihre Papiere nicht zu vergessen! Den Blackout können Sie zwar nie vollends verhindern, Sie können aber auch die Chance darauf minimieren, indem Sie sich so gut es geht in Ihr Präsentationsprogramm einlesen und es vorbereiten, sodass Sie sich zur Not an den nächsten Punkt halten könnten, falls Ihnen einer entfiele. Die Technik wiederum, diese manchmal so biestige Angelegenheit, können Sie nur im Reich des Unverfügbaren verorten; sollte also der Beamer ausfallen oder Ihr Computer kurz vor Präsentationsstart einen Totalschaden erleiden, so liegt das nicht in Ihrer Hand und es lohnt nicht sonderlich, sich große Gedanken darüber zu machen. Niemand kann Ihnen einen Vorwurf machen, wenn Unverfügbares Sie abhält von einer rundum gelungenen Präsentation! Halten Sie es auch so mit der Zukunft.

„Am Ende wird alles gut werden, und wenn es noch nicht gut ist, dann ist es auch nicht das Ende. „

Oscar Wild

JOURNALING

Wenn es so etwas wie einen Königsweg bei der Handhabung der Grübelei gibt, dann muss man angesichts der häufigen Nennung des Journalings diesen wohl als einen solchen betrachten. Und tatsächlich birgt das Journaling derart viele Möglichkeiten der Verarbeitung zumal negativer Gedanken, die ja die Wurzel des Grübelns sind, dass fast kein Weg zumindest um den Versuch des Journalings besteht. Weiter oben haben wir im Abschnitt „Wege zum positiven Umgang mit der Vergangenheit“ bereits umrissen, worauf es beim Journaling ankommt, freilich mit anderer Akzentsetzung als nun. Was also bedeutet Journaling und wie macht man es sich selbst am besten zu Nutze auf dem Weg, die Grübelei abzustellen? Zunächst zur Vorbereitung: Es bedarf nicht einer Menge Materials für das Journaling, Stift und Papier reichen völlig aus.

Noch besser ist es jedoch, auf ein Journal oder Tagebuch oder eine Form von Notizheft zurückzugreifen, um einen permanenten Zugriff auf alles Geschriebene zu gewährleisten.

Der Benennung nach scheint es sich bei einem Journal im ersten Moment um ein Tagebuch zu handeln, aber das trifft die Sache nur unzureichend. Viel mehr als bei einem Tagebuch, dem man relativ unreflektiert die Ereignisse des Tages chronologisch anvertraut, möchte man mit einem Journal Schlaglichter setzen, die mit der Niederschrift nicht ad acta gelegt werden, sondern unter einem neuen Gesichtspunkt in einer ruhigen Stunde des Tages betrachtet werden. Gehen Sie also wie folgt vor: Setzen Sie einen bestimmten Zeitpunkt am Tage fest, zu dem Sie die Muße haben, sich mit sich selbst und Ihren Gedanken zu beschäftigen. Nehmen Sie sich die Zeit, alle Ihre Grübeleien aufzuschreiben, und beginnen Sie dabei ruhig mit denjenigen Gedanken, die Sie in dem stillen Moment, vermutlich nach Ihrem Feierabend, am meisten beschäftigen – welche Situationen haben Sie bei der Arbeit erlebt, die in Ihren Gedanken vielleicht noch länger nachklingen? In welchen Momenten haben Sie an bestimmte Situationen gedacht, die Ihnen so oder so ähnlich schon einmal untergekommen sind? Wann haben Sie besonders deutlich gespürt, ins Grübeln zu verfallen oder sich gar sehr unwohl gefühlt? All solche Fragen könnten als Impulse für den ersten Teil des Journals dienen. Selbstverständlich könnten die Impulsfragen genauso gut völlig anders ausfallen, das hängt von Ihrer eigenen Zielsetzung und Ihrer Art der Gedanken ab. Haben Sie also einige Gedanken notiert, erweitern Sie Ihre Sichtachse etwas und denken Sie auch darüber nach, was Ihnen schon länger Kopfzerbrechen bereitet und was Sie womöglich den ganzen Tag über wie ein Störgeräusch im Ohr mit sich herumgetragen haben; schreiben Sie auch solche Gedanken nieder. Sind Sie damit fertig, versuchen Sie, die nun festgehaltenen Gedanken zu priorisieren, das heißt, trennen Sie das für Sie eher Bedenkenswerte vom eher Unwichtigen. Nehmen Sie sich auf jeden Fall die Zeit, alles Niedergeschriebene noch einmal zu überdenken und auf seine Relevanz für Ihr alltägliches Grübeln hin abzuklopfen – das ist ein integraler Teil des Journalings, die Reflexion. Haben Sie also eine Priorisierung vorgenommen, schauen Sie sich die für Sie wichtigsten Punkte in Ihrem Journal noch einmal an, und überlegen Sie, wie Sie ihnen am besten beikommen können. Häufig resultiert unsere Grübelei aus der vermeintlichen Ausweglosigkeit einer Situation, die wir im Alltag erleben oder erlebt haben, wie Sie sich erinnern; überlegen Sie sich demnach mögliche Auswege aus dem Grübelkreislauf, indem Sie problemorientiert einen Punkt Ihrer Niederschrift (vorerst theoretisch in einer Schrittabfolge) zu lösen versuchen.

So erleben Sie also nicht nur durch die Reflexion Ihrer Grübelei einen Erfolg in seiner „Bekämpfung", sondern können ganz aktiv in Ihrem Lebens selbst nach den Stellschrauben suchen, an denen Sie drehen zu müssen glauben, um zufriedener zu werden, weil Sie von weniger negativen Gedanken verfolgt werden. Eine besondere Note können Sie in Ihr „Grübeljournal" bringen, indem Sie versuchen, ganz am Schluss jedes Tages eine positive Erkenntnis, einen Erfolg oder schlicht einen schönen Gedanken einfließen zu lassen, an den Sie sich – selbst wenn Sie lange über einem bestimmten Gedanken gebrütet haben – halten können vor dem Schlafengehen. Damit erscheint Ihnen auf lange Sicht, da Sie das Journaling schließlich eine gewisse Zeit durchhalten sollten, die tägliche Aufgabe in Ihrer Mußestunde gar nicht als lästige Pflicht, sondern als etwas, dass Ihnen sogar noch einen tröstlichen, beruhigenden oder einfach positiven Gedanken am Ende eines Tages mitgibt.

„Tu was du willst,... Aber nicht weil du musst. „

Buddha

Weitere Methoden, das Grübeln zu beenden

Wir wollen uns in diesem letzten Kapitel mehr noch als zuvor explizit konkreten Methoden zuwenden, die helfen können, den Kreislauf des Grübelns zu durchbrechen. Dabei muss auch hier wiederholt werden, dass alle Übungen letztlich nur als Empfehlungen dienen, die der eigenen Lebenssituation und den eigenen Zielsetzungen anzupassen sind. Die ultima ratio, um das Grübeln zu besiegen, die gibt es – Stand heute – nicht; sehr wohl aber die bisherigen, am Ende jedes inhaltlichen Abschnitts vorgestellten Methoden, sowie die folgenden, die hier nicht in aller Ausführlichkeit dargestellt werden können, aber wenigstens so, dass sie leicht anwendbar werden, sozusagen für den „Hausgebrauch“.

Beginnen wir mit einer Übung, die schon allein deswegen erfolgversprechend ist, weil sie auf einem Gefühl basiert, das jedermann sowieso in seinem Leben schon erfahren hat und erfährt: der Genuss. Ja, auch Genussfähigkeit kann einen Ausgang aus der Grübelei bieten. Wir haben bereits besprochen, dass ein Übergewicht an positiven Gedanken im Grunde wie eine Autoimmunantwort bei einer Erkrankung negative Gedanken und die daraus entstehende Grübelei bekämpft. Und wie andere Fähigkeiten auch, so lässt sich auch die Genussfähigkeit gezielt trainieren. Man kann sich das bewusste Genusserleben am besten als einen Dreischritt vorstellen: Zunächst müssen wir uns in jeder Situation, in der wir ein eigentümliches Gefühl des Glücks empfinden, das uns ganz wohlig fühlen lässt, diese Situation bewusst machen und – abspeichern. Da unser Gehirn sowieso ständig damit beschäftigt ist, äußere Reize aufzunehmen und zu verarbeiten, sollten wir uns gerade in den Momenten des Genusses, sei es zustande gekommen aufgrund unserer wunderbaren Gesellschaft, des herrlichen Geschmacks eines Weines oder beim Genießen eines Films oder Buchs, Fotos machen; das wäre der zweite Schritt. Fotos? Damit sind eigentlich nicht echte Fotografien gemeint (wer dazu die Möglichkeit hat, kann natürlich auch konkrete Momente so festhalten), es geht dabei mehr um gedankliche Fotos, also Abbilder der Situation, in der wir Glück und Genuss empfinden. Diese wandern, wenn wir sie uns bewusst gemacht haben, in ein beinahe immer abrufbares Archiv, das wir weiter oben schon als Fundus der positiven Gedanken bezeichnet haben. Man kann diese Fotos oder Momentaufnahmen wie von einer Polaroidkamera abgelichtet immer wieder gedanklich hervorziehen und dazu benutzen, sie gegen die Grübelei und die negativen Gedanken zu stellen. In einem nächsten Schritt sollten wir darüber nachdenken, wie wir Momente des Genusses ganz bewusst herbeiführen können. Dazu brauchen wir eine gewisse Selbstkenntnis. Wir sollten wissen, was uns besonders guttut, was uns Genuss bereitet, und diese Momente aktiv herausfordern oder herbeiführen. Ein genussvolles Leben ist ein zwar nicht allein seligmachendes, aber es trägt ungemein bei zu einem ausgeglichenen Selbst. Mit der Zeit wird man lernen, sich vom Augenblick des Genusses beinahe verschlingen zu lassen und ihn vollends zu genießen. Es geht dabei nicht um einen blanken Hedonismus; schon die vermeintlich kleinen Dinge, gerade die kleinen Dinge des Lebens, sind es, die hier einen Unterschied machen. Mit Epiktet lässt sich zusammenfassen: „Bei allem, was deine Seele erfreut oder dir einen Nutzen gewährt oder was du liebhast, vergiß nicht, dir zu sagen, was es eigentlich ist. Fange dabei bei den unscheinbarsten Dingen an, z. B., wenn dir ein Topf teuer ist, so denke dir: ein Topf ist es, der mir teuer ist; dann wirst du dich auch nicht aufregen, wenn er zerbricht.“ Ein bewusstes Erleben des Genusses geht also auch immer mit der Gewissheit einher, dass das Leben nicht aus dem ewigen Prolongieren des Genusses besteht – und gerade darum ist Genuss ein so vielversprechendes Mittel, das Leben im Ganzen bewusster und zugleich achtsamer zu genießen.

Ein weiteres interessantes Konzept der Psychologie ist das des Flow-Erlebens. Hierzu müssen wir zurückgreifen auf die Ausführungen zum eigenen Fähigkeiten- und Interessencluster. Die meisten Menschen können ein Interesse oder Hobby nennen, in dem sie vollkommen aufgehen und bei der Beschäftigung damit zuweilen die Zeit vergessen und sich schließlich nach einigen Stunden wundern, dass es schon so spät geworden ist. Das ist die typische Beschreibung eines Flow-Erlebens. Wie wir festgestellt haben, vertreibt nichts so zuverlässig das Grübeln und die negativen Gedanken wie die Fokussierung auf eine andere Tätigkeit. Und am zuverlässigsten sind genau diese uns derart erfüllenden Aktivitäten, die uns Zeit und Raum vergessen machen. Nun kann man nicht rund um die Uhr beschäftigt sein mit den Dingen, die einem womöglich zuverlässig ein Flow-Erleben verschaffen; aber gerade in den Momenten, in denen uns die Grübelei überkommt, in denen wir uns davon übermannt fühlen und keinen rechten Ausweg wissen, kann die Besinnung auf unsere Interessen helfen. Es ist unmöglich, zugleich zwei Gedanken auf einmal zu haben (sprich: einen positiven und einen negativen), und diesen Effekt machen wir uns zunutze, wenn wir unsere Kräfte auf etwas anderes richten.

Diesen Gedanken aufnehmend, dass Positives und Negatives zugleich nicht gedacht werden kann, können wir noch zwei eigentlich relativ banale Aktivitäten benennen, die aber von ungeheurer Wirkmacht sind beim Bekämpfen der Grübelei. Da wäre zum einen das Lesen. Ja, Sie haben ganz richtig gehört. Das, was viele von uns morgens, abends und vermutlich auch in der Zeit ihrer Arbeit sowieso schon zur Genüge tun, kann uns helfen. Es geht dabei – womit sich der Kreis zum Genuss schließt – aber natürlich nicht um Aktenstöße oder die Tageszeitung, sondern um jene Texte, von denen wir wissen, dass sie uns ablenken, weil sie uns eintauchen lassen in eine fremde Welt, uns an den Fingernägeln knabbern lassen vor Spannung, oder uns ein besonderes geistiges Vergnügen durch den Reichtum ihrer Gedanken erweisen. Ganz egal also ob Fantasyroman, Psychothriller oder Philosophietraktat; die Belletristik (im weitesten Sinne) bietet große Chancen für eine spontane und schnell wirksame Ablenkung von den Grübeleien unseres Alltags. Dazu muss gesagt werden, dass natürlich Filme einen ähnlichen Effekt hervorrufen und kaum anders funktionieren. Beim Lesen wird aber mehr noch unsere Vorstellungskraft stimuliert, sodass unsere Gehirnaktivitäten noch höher einzuschätzen sind, der Kreislauf der Grübelei also noch besser beiseitegeschoben wird. Die andere Tätigkeit, die augenscheinlich nicht weniger banal ist, ist das Schreiben. Die meisten Menschen probieren nie aus, wie es ist, sich vor ein leeres Blatt Papier zu setzen und einfach drauflloszuschreiben. Es ist eine Erfahrung, die in vielerlei Hinsicht etwas Tröstliches hat; man stimuliert zum einen sein Gehirn auf ganz besondere Weise, da beim Schreiben das Denken und die Hand-Augen-Koordination beansprucht werden, zum anderen schafft man aber mit eigenen Händen zwar nicht handwerklich, aber doch etwas Bleibendes. Es geht dabei nicht sofort darum, eine Erzählung aufs Papier zu zaubern; man kann bei ganz persönlichen Gedanken anfangen, die man ausführt, indem man sie sich noch einmal in Erinnerung ruft und genau zu beschreiben versucht. So verarbeiten wir viel bewusster Themen, die uns vielleicht nicht einmal bewusst belasten, derer wir uns aber beim Schreiben ganz deutlich erinnern und ihre Bedeutung neu einschätzen. Das ist das Glück des Schreibens.

...der hört nicht damit auf?

Es war in obigen Ausführungen häufig davon die Rede, das Grübeln „bekämpfen“ zu wollen; und diese Wortwahl ist ja auch keine unangebrachte! Wen das Grübeln, wen die eigenen Gedanken auf die Streckbank fesseln, der wünscht sich nichts sehnlicher als einen Ausgang aus diesem Kreislauf. Die bisherigen aufgezeigten Methoden eignen sich allesamt als relativ einfache und ohne viel Material anwendbare Strategien, die sich wunderbar in den Alltag integrieren lassen – und dabei haben wir noch nicht einmal die Reihe der weiteren Möglichkeiten, das Grübeln abzustellen, berührt, etwa das Sporttreiben oder die Betonung der Geselligkeit als Ideal, der eigenen negativen Gedankenwelt zu entfliehen!

Überhaupt, besonders in Kombination der für Sie wirksamsten Übungen ergeben sich grandiose Erfolgsmöglichkeiten, das ewige Grübeln zu stoppen. Letztlich können nur Sie selbst für sich beantworten, wie viel Grübelei Ihnen zu viel ist. Während manchen Menschen das Grübeln ohne Lösung gar als Teil eines philosophischen Konzepts Freude bereiten mag, lässt es andere lange Nächte wachliegen und erweist sich damit als Qual. Freilich sollte man nicht den Fehler begehen zu glauben, das Grübeln ließe sich rundheraus komplett aus dem eigenen Leben ausschließen. Es gehört dazu, wie die vielbeschworenen schlechten Zeiten, die zum Leben dazugehören, und die sich periodisch abwechseln mit den guten. Die goldene Regel der „Grübelbekämpfung“ können wir abermals mit Epiktet und seinem Handbüchlein formulieren: „Bemühe dich daher, jedem unangenehmen Gedanken sofort zu begegnen, indem du sagst: `Du bist nicht das, was du zu sein scheinst, du bist bloß eine Einbildung.´ Dann prüfe und beurteile ihn nach den Regeln, die du gelernt hast, besonders aber nach der ersten: ob er zu dem gehört, worüber wir frei verfügen können, oder nicht. Und wenn er zu den Dingen gehört, die nicht in unserer Gewalt stehen, dann sage dir sofort: Geht mich nichts an.“

Es liegt ein Trost in diesem Gedanken aus dem 2. Jahrhundert nach Christus. Wo man die eigenen negativen Gedanken als selbstgemacht erkennt, wo man sich effektiver Strategien des Umgangs mit ihnen bewusst ist, da schrecken einen die mannigfaltigen Formen des Grübelns nicht mehr so sehr wie noch zuvor. Diese Haltung sei eigentlich jedem Menschen zu wünschen, beginnt man somit doch den Weg hin zu einem freieren und erfüllten, kurzum: gelungenen Leben.

„Wer kein Ziel hat, kann auch keines erreichen. „

Laotse

Checkliste für die Maßnahmen, das Grübeln zu stoppen

Die folgende Checkliste bezieht sich direkt auf die Hinweise, Tipps und Strategien, das Grübeln zu bekämpfen, die Sie auf den vorigen Seiten kennengelernt haben. Sie dient als Leitfaden und „Handlauf", damit Sie bei der Anwendung keinen wichtigen Schritt auslassen. Werfen Sie insbesondere zu Beginn immer wieder einen Blick auf die Checkliste, um sich abzusichern – haben Sie eine oder mehrere Übungen internalisiert, werden Sie sie womöglich gar nicht mehr brauchen!

- Beginnen Sie am besten mit dem Journaling! Viele der vorgestellten Strategien bauen in der einen oder anderen Form auf der geschriebenen

Auseinandersetzung mit den eigenen Gedanken auf.

- Nehmen Sie sich bewusst Zeit für einen Eintrag in Ihr Journal; machen Sie sich bewusst, dass diese Methode nur erfolgversprechend sein kann, wenn Sie sie über einen längeren Zeitraum durchhalten.

- Notieren Sie sich entweder in Ihrem Terminkalender, Planer oder auf einem Zettel, den Sie sich an eine gut sichtbare Stelle über Ihren Schreibtisch hängen, wann Ihr täglicher Journal-Termin beginnt (und damit die Zeit, die Sie sich ganz bewusst für Ihre eigenen Gedanken nehmen).

- Beginnen Sie beim Journaling stets mit den aktuellen Gedanken, also solchen, die Sie am Tag der Niederschrift besonders auffällig belastet haben. Gehen Sie von diesen aus und verschaffen Sie sich so nach und nach einen gedanklichen Überblick, auch über zeitlich weiter zurückliegende Probleme.

- Seien Sie ehrlich zu sich selbst! Niemand muss oder soll lesen, was Sie niederschreiben, also halten Sie sich nicht zurück, auch Punkte zu notieren, die Ihnen in einem Gespräch mit Freunden unangenehm wären.

- Enden Sie stets mit einem „Dur-Akkord", also einem Ereignis oder einem Gedanken, an dem Sie sich für den Rest des Abends festhalten können, sollte das Gedankenkarussell Sie noch einmal behelligen. Graben Sie dazu ruhig tiefer in Ihrer Vergangenheit; der positive

Gedanke muss nicht unmittelbar aus der nahen Zeit stammen.

- Wo möglich, versuchen Sie, Ihr Genusserleben ganz bewusst zu steuern. Gehen Sie etwa auf einen Geburtstag oder eine Gartenparty und machen Sie sich selbst deutlich, dass damit eine der genussreichen Phasen Ihres Lebens verbunden ist – und schätzen Sie deshalb die Gespräche, die Getränke und das Essen in bewussterer Manier als normalerweise. Nehmen Sie solche Episoden auch ruhig in Ihr Journal auf.

- Horchen Sie auf die Momente, in denen Sie das Gefühl haben, einem Flow-Erleben besonders nahezukommen, sei es beim Schreiben, Lesen oder Sporttreiben. Lassen Sie sich in diesen Momenten bewusst fallen und gestatten Sie keinem anderen Gedanken als dem, der sich auf die augenblickliche Beschäftigung bezieht, Eingang in Ihre Erfahrungswelt.

- Fragen Sie sich selbst, in welchen Momenten Ihres Alltags Sie eine besondere (Selbst-) Wirksamkeit erfahren. Wann kommen Sie sich als Herr (oder Frau) der Lage vor, in welchen Momenten haben Sie die Kontrolle über einen bestimmten Prozess, wann fühlen Sie sich selbstsicher in dem, was Sie tun? Suchen Sie solche Momente gezielt, um Ihr Selbstbewusstsein im Allgemeinen und über die bestimmte Episode hinaus zu stärken!

- Stellen Sie sich demgegenüber auch Problemen, die Ihnen vielleicht unverfügbar erscheinen

– gehen Sie gegen diese aber nur insoweit vor, wie Sie tatsächlich in Ihrem Machtbereich liegen! Und kommen Sie an den Punkt, an dem Sie sagen, dass es hier nicht weitergeht, weil äußere Faktoren das nicht zulassen. Versuchen Sie, einen positiven Umgang damit zu finden (das, was man gemeinhin „seinen Frieden mit etwas machen“ nennt)!

- Suchen Sie auf der Grundlage Ihrer Selbsterkundung nach den Fähigkeiten und Eigenschaften, die Sie an sich selbst besonders schätzen (gelernte Eigenliebe lautet hier das Stichwort). Versuchen Sie, in Phasen des Grübelns diese Fähigkeiten und Eigenschaften sich selbst gegenüber zu betonen und als mögliche Blickwinkel auf eine das Grübeln erzeugende Situation zuzulassen!

- Seien Sie in Ihrem Kampf gegen das Grübeln kein wilder Einzelkämpfer. Nichts verleiht Ihnen so viel Sicherheit wie das Bewusstsein, nicht allein auf der Welt zu sein, sondern Freunde und Familie zu haben, die mit Rat und Tat an Ihrer Seite stehen und Sie unterstützen.

- In den Momenten, in denen Sie über die Zukunft und über eventuell bevorstehende Situationen grübeln, erlauben Sie sich, für eine von Ihnen festgelegte Zeitspanne die schlimmstmögliche Abfolge von Ereignissen zuzulassen, die Sie sich nur vorstellen können – um dann zu der Erkenntnis zu gelangen, wie unwahrscheinlich das Zusammentreffen allen Unglücks auf einmal ist. Denken Sie dabei an ähnliche Situationen der Vergangenheit, in denen Sie sich bereits diese

Sorgen gemacht haben und in denen sie sich nicht bewahrheitet haben.

- Nutzen Sie Ihr Journal (oder noch besser: ein zweites) als Dankesjournal, um mit lästigen Gedanken über die nicht mehr änderbare Vergangenheit aufzuräumen! Schreiben Sie in diesem explizit nieder, wofür Sie in der Vergangenheit dankbar waren (oder es noch sind); auf diese Weise verschwinden viele negative Gedanken der gleichen Zeit wie von selbst.

Der ideale Tag wird nie kommen. Er ist heute, wenn wir ihn dazu machen.

Horaz

Haftungsausschluss

Die Umsetzung aller enthaltenen Informationen, Anleitungen und Strategien dieses E-Books erfolgt auf eigenes Risiko. Für etwaige Schäden jeglicher Art kann der Autor aus keinem Rechtsgrund eine Haftung übernehmen. Für Schäden materieller oder ideeller Art, die durch die Nutzung oder Nichtnutzung der Informationen bzw. durch die Nutzung fehlerhafter und/oder unvollständiger Informationen verursacht wurden, sind Haftungsansprüche gegen den Autor grundsätzlich ausgeschlossen. Ausgeschlossen sind daher auch jegliche Rechts- und Schadensersatzansprüche. Dieses Werk wurde mit größter Sorgfalt nach bestem Wissen und Gewissen erarbeitet und niedergeschrieben. Für die Aktualität, Vollständigkeit und Qualität der Informationen übernimmt der Autor jedoch keinerlei Gewähr. Auch können Druckfehler und Falschinformationen nicht vollständig ausgeschlossen werden. Für fehlerhafte Angaben vom Autor kann keine juristische Verantwortung sowie Haftung in irgendeiner Form übernommen werden.

Urheberrecht

Impressum

1. Auflage

Kontakt:

Florian Bender

Vasbecker Straße 6

34477 Twistetal

Printed in Poland
by Amazon Fulfillment
Poland Sp. z o.o., Wrocław

68417405R00067